ÉTUDE

SUR

L'ORGANISATION ADMINISTRATIVE

DU TONKIN

ET DES PAYS DE PROTECTORAT

Communication faite à la Société de Géographie
dans la séance du 19 février 1886

PAR

LOUIS DUNOYER DE SEGONZAC

ANCIEN OFFICIER DE MARINE
SOUS-DIRECTEUR DE LA MISSION CHINOISE.

PARIS

ERNEST LEROUX, ÉDITEUR

28, RUE BONAPARTE, 28

1886

ÉTUDE

SUR

L'ORGANISATION ADMINISTRATIVE

DU TONKIN

ET DES PAYS DE PROTECTORAT

Communication faite à la Société de Géographie
dans la séance du 19 février 1886

PAR

LOUIS DUNOYER DE SEGONZAC

ANCIEN OFFICIER DE MARINE
SOUS-DIRECTEUR DE LA MISSION CHINOISE.

PARIS

ERNEST LEROUX, ÉDITEUR

28, RUE BONAPARTE, 28

—

1886

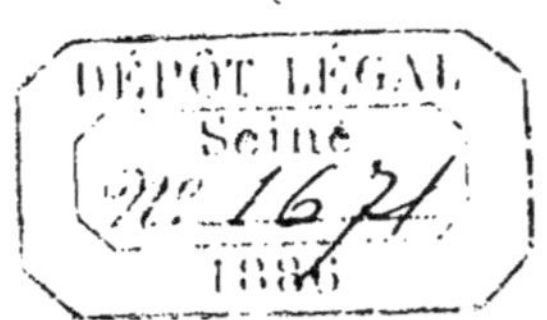

Présidence de M. A. GERMAIN, *Ingénieur Hydrographe.*

———

Mesdames et Messieurs,

La communication faite il y a quinze jours à la Société par notre président, et relative au départ pour le Tonkin de M. Vial, notre nouveau collègue, qui va remplir les fonctions de résident supérieur à Hanoï, m'a suggéré la pensée de vous entretenir brièvement de l'organisation administrative donnée à ce pays, au point de vue du choix des fonctionnaires qui auront la charge de présider à ses destinées.

Cette question est toute d'actualité, car vous avez vu ces jours-ci, les journaux indiquer la façon dont notre protectorat va être organisé, le nombre des fonctionnaires français qui y seront employés et les avantages qui leur seront faits. Ces avantages, je le dis en passant, qui peuvent paraître considérables aux personnes étrangères à ces questions, n'ont rien que de justifié ; tous ceux qui ont habité l'Extrême-Orient savent que nos agents en Indo·Chine seront simplement sur le même pied que ceux des services consulaires français, anglais, allemand, etc., en Chine par exemple, ou bien que ceux placés dans les services de l'Inde anglaise.

Mais si de grands avantages sont accordés aux personnes chargées de représenter la France en Annam, il s'ensuit que l'on a le droit d'exiger d'elles une préparation, je veux dire, des garanties en rapport avec la situation qui leur est faite. Ce dont je me propose de vous entretenir, c'est des moyens que nous avons à notre disposition, en France, pour former de bons agents, préparés spécialement en vue des services qu'ils ont à rendre dans cette voie qui est presque nouvelle pour nous.

On a rappelé souvent que l'Angleterre gouverne son immense empire de l'Inde avec quelques milliers de fonctionnaires; je crois que le chiffre de 3,000 personnes pour administrer un pays d'environ 200 millions d'habitants se rapproche de la réalité. On peut donc dire que notre gouvernement a été bien inspiré quand il s'est décidé à limiter à un petit nombre d'agents bien rétribués le personnel du contrôle en Annam.

C'est un peu du reste ce qui a été fait dans la Basse-Cochinchine, où nous avons créé un service des affaires indigènes dont le personnel répond bien au but que l'on s'est proposé en l'organisant. Quelques-uns des agents qui se trouvent pour le moment au Tonkin ont été pris dans ce corps; mais comme il est réduit et comprend à peine de 35 à 40 administrateurs, qui suffisent tout juste aux besoins de notre ancienne colonie, que d'autre part, le collège des stagiaires qui existait à Saïgon, a été supprimé depuis quelques années, ce qui au point de vue qui nous occupe, est éminemment regrettable, il est évident que, pour le Tonkin, on va se trouver à court et que l'on devra y placer des fonctionnaires insuffisamment préparés à leurs nouvelles fonctions, si nous ne nous mettons promptement en mesure d'en former d'autres.

Et d'abord quelles sont les garanties à exiger de nos futurs administrateurs?

La première condition, celle que l'on doit exiger plus tard des agents de notre protectorat, c'est qu'ils parlent la langue du pays qu'ils vont administrer, l'annamite ou le chinois, suivant les cas, et non seulement qu'ils parlent cette langue, mais encore qu'ils sachent en lire les caractères écrits (1), de façon qu'ils puissent bien comprendre les documents chinois sans le secours d'interprètes indigènes, qui peuvent les tromper, et qui sont rarement assez instruits eux-mêmes pour que leurs traductions ne soient pas sujettes à caution.

Une deuxième condition que devront remplir nos agents pour être bien à la hauteur de leur situation est celle-ci : Il faut qu'ils soient réellement des *administrateurs*, à même de diriger de haut les services dont les détails seront laissés à des employés subalternes, Français et indigènes.

Or, si le collège des stagiaires de Saïgon a été supprimé comme je vous l'ai déjà dit, il se trouve que nous avons en France deux écoles dont l'enseignement répond à merveille à cette double nécessité. Je veux parler de l'*École des Langues Orientales vivantes*, en ce qui concerne l'étude du chinois et de l'annamite, et de l'*École libre des sciences politiques*, pour ce qui a rapport aux connaissances administratives. En deux ou trois années ces écoles, qui n'en sont plus à faire leurs preuves, pourront, par un enseignement simultané, former des jeunes gens pris à leur sortie du collège, et les mettre à même de se rendre en Indo-Chine, comme stagiaires, pour y devenir plus tard des agents d'un rang plus élevé et aussi bien préparés à leur nouvelle situation qu'on peut le désirer.

Bien des raisons me paraissent militer en faveur de la mesure dont je vous entretiens :

(1) Cette condition ne se trouvait pas remplie au collège des stagiaires aujourd'hui supprimé. Voici en effet ce qu'écrivent MM. Bouïnais et Paulus dans leur ouvrage sur la Cochinchine contemporaine (page 131) : « Il est regrettable que, depuis l'occupation « de Saïgon, on n'ait pas songé à créer en Cochinchine un corps « d'interprètes capables de lire directement les caractères chinois. « Actuellement, les interprètes sont doublés d'un lettré qui traduit « les caractères chinois en langue quoc-ngu », c'est-à-dire en langue courante, représentée avec des caractères latins qui reproduisent les sons des caractères, mais n'en rendent pas la portée.

Il est clair que le recrutement sera facilité par la difficulté qu'éprouvent en France un grand nombre de jeunes gens instruits, à la fin de leurs études, pour trouver une carrière. L'avenir qui leur est assuré, les avantages honorifiques et pécuniaires faits à nos agents dans l'Extrême-Orient, seront des stimulants d'autant plus puissants que, pour en profiter, ils ne devront pas tout d'abord s'expatrier et s'exposer à des déboires si, par hasard, ils reconnaissaient, après coup, manquer des aptitudes voulues pour les études à poursuivre.

Au point de vue des dépenses, il est certain que l'entretien à Paris d'une vingtaine d'élèves, sera beaucoup moins onéreux que l'entretien et l'instruction d'un même nombre d'élèves, tels qu'ils étaient donnés, par exemple, dans le collège des stagiaires de Saïgon, lorsqu'il existait, puisque les deux écoles dont je parle sont organisées. Si l'on jugeait d'ailleurs nécessaire de leur attribuer un certain nombre de bourses, la colonie intéressée pourrait facilement et devrait en faire les frais.

Ce qui se passe actuellement pour le *Collège des interprètes* créé récemment à Saïgon nous en fournit, par analogie, la preuve immédiate. On sait, en effet, qu'il est alloué à chaque élève Français de cet établissement une solde annuelle de 800 piastres, équivalant, au taux de 4 fr. 45 par piastre, à 3.560 fr. Or, le montant des subventions allouées à Paris, aux élèves méritants de l'École des langues, d'après le programme même de cette école, est de 1.000 fr. au moins et de 1.500 fr. au plus ; et je crois même qu'en pratique, on se borne à des pensions très inférieures. On voit donc, en admettant pour base le chiffre de 1.000 fr. par élève que, avec les 35.600 fr. nécessaires pour couvrir les dépenses annuelles de 10 élèves-interprètes à Saïgon, on pourrait en préparer 35 à Paris, c'est-à-dire plus de trois élèves contre un !

Enfin, il est une troisième considération qui a aussi son poids. Le climat de l'Indo-Chine est chaud et débilitant, peu favorable par suite à des études assez laborieuses. Il y aurait donc tout avantage à y envoyer des jeunes gens déjà préparés à rendre des services peu de temps après leur arrivée. C'est là un point de vue qui n'est pas à dédaigner, car on sait combien les Européens sont éprouvés par ce climat, qui rend nécessaires de fréquents voyages en France et des congés qui sont d'ailleurs accordés avec libéralité.

Et qu'on n'aille pas objecter que les difficultés à surmonter seraient trop grandes, et nuiraient au recrutement du ersonnel de nos agents.

Si quatre années au moins d'études spéciales sont nécessaires pour l'instruction d'un ingénieur, d'un médecin, ou d'un lieutenant d'artillerie, on peut bien admettre qu'un travail de deux ou trois années n'a rien d'excessif pour préparer à un service aussi important que celui du protectorat.

Mais il est une autre objection que j'ai entendu formuler contre l'École des Langues, et dont je veux aussi parler : les élèves qui en sortent ne savent, dit-on, ni l'annamite, ni le chinois ! C'est là une assertion qui, j'ai la satisfaction de le dire, n'est pas fondée, et repose sur l'idée par trop exagérée que l'on se fait chez nous des obstacles que présente l'étude des langues de l'Extrême-Orient. Sans doute leur littérature offre aux Européens des difficultés considérables, mais la langue usuelle est relativement facile, et pour vous mettre à même de vous former une opinion à cet égard, je vous dirai que les membres du personnel des consulats anglais, allemands, ceux des douanes impériales de Chine ne mettent pas plus de deux ans à apprendre le chinois à Pékin, et que, après deux années consacrées à ces études, les jeunes gens qui les ont faites sont généralement assez avancés pour être placés dans les services des ports de la côte de Chine.

En France, nous avons pris depuis une quinzaine d'années un autre système, nous formons à l'École des Langues de Paris nos interprètes des consulats de Chine ; les résultats de cette méthode, dont M. le comte Kleczkowski, professeur à l'École des Langues, a été l'instigateur, ont été excellents. Pour vous le montrer, je n'aurai qu'à vous citer la carrière de quelques-uns des anciens élèves de cette École. Je vous parlerai, par exemple,

de M. Vissière, actuellement interprète de la Légation de France
à Pékin ; un autre élève de l'École des Langues, M. Frandin,
actuellement titulaire du consulat de Fou-Tchéou, vint, il y a
quelques années, en France comme interprète de M. le marquis
Tsêng, sur la demande de ce diplomate ; il est clair que les si-
tuations occupées par ces messieurs, comme aussi la part très
importante prise par M. Vissière dans la négociation du traité
de Tien-Tsin, montre que l'on peut très bien apprendre le chinois à Paris.

Toutefois une chose est nécessaire pour cela : c'est que l'École
des Langues orientales continue, comme elle le faisait par le
passé, à adjoindre à ses professeurs français des lettrés indigènes
qui ont la spécialité, comme répétiteurs, de familiariser les
élèves avec la langue qu'ils étudient. C'est là un avantage dont
ont joui les deux sinologues dont je viens de vous citer les noms,
pendant leurs études.

J'apprends que cette institution, excellente en elle-même,
tend à tomber en désuétude, qu'il n'y a plus, à l'École des
Langues, de lettré chinois depuis longtemps et de lettré annamite depuis deux ans. Mais il est facile de remédier, si on le veut,
à cet état de choses, car le programme de l'École des Langues
prévoit la présence de répétiteurs indigènes pour les langues qui
nous occupent. Il ne s'y trouve, pour le moment, qu'un répé-
titeur d'arabe vulgaire.

Et ce que je viens de vous dire du chinois, au point de vue
de la possibilité que l'on a de l'apprendre à Paris, pourrait être dit
également de l'annamite qui est, comme le chinois, une langue à
écriture idéographique, ayant, avec le chinois, une grande analogie, beaucoup de caractères écrits communs, et que l'on en-
seigne aussi à l'École des Langues orientales.

Cela dit, et nous plaçant au point de vue de l'organisation du
Tonkin, il y a lieu de se demander dans quelle proportion il y
aurait à former des élèves parlant le chinois ou l'annamite ; car
il serait excessif, à l'origine, d'exiger la connaissance des deux
langues.

Assurément, le nombre des élèves étudiant l'annamite devra l'emporter et de beaucoup, puisque c'est la langue commune dans le pays qui nous occupe ; mais la connaissance du chinois sera aussi d'une grande importance, car non seulement des mandarins chinois étaient installés et exerçaient leur autorité dans les provinces du Tonkin limitrophes de la Chine, en des points où le chinois est la langue dominante, mais aussi les négociants chinois forment, au Tonkin, des communautés déjà nombreuses qui se développeront encore. Et l'on sait que, par une clause spéciale de l'article 1er du traité de Tien-Tsin, nous nous sommes engagés à leur assurer, pour leurs personnes et pour leurs biens, la même sécurité qu'aux protégés français. De plus, l'obligation d'entretenir des rapports suivis avec les mandarins du Kouang-Si et du Yün-Nan rendra nécessaire la présence d'agents parlant chinois dans les postes de la frontière.

Pour ce qui concerne la protection des résidents chinois dans les villes principales du Delta, nous ferons bien d'adopter des arrangements spéciaux, et je n'en vois pas de préférable au système suivi à Singapour.

Le gouverneur de cette colonie a institué, il y a quelques années, un bureau connu sous le nom de bureau du *protecteur des Chinois*, composé de synologues anglais et de sujets chinois désignés par l'administration coloniale, et dont l'unique service est de veiller sur la colonie chinoise des Détroits.

Il y aurait lieu, vu l'importance que l'élément chinois est destiné à prendre au Tonkin, d'y créer une institution semblable à celle qui fonctionne à Singapour, et même il serait désirable, afin de donner aux agents chargés de ce service plus de chance de se familiariser avec les usages de la Chine, d'établir un roulement entre eux et les agents des consulats de France en ce pays. Les fonctionnaires parlant annamite seraient, au contraire, exclusivement attachés au service indigène de l'Indo-Chine.

Mais, si la connaissance des langues de l'Extrême-Orient est indispensable à nos administrateurs en Indo-Chine, ce n'est néanmoins qu'un instrument qui doit leur permettre de faire pénétrer dans le pays notre civilisation et nos procédés de gouvernement. Il y a donc lieu de compléter leur instruction par un enseignement élevé, tel que celui de l'École des Sciences politiques, enseignement qu'il est impossible d'organiser avant longtemps dans l'Indo-Chine.

L'École des Sciences politiques ayant elle-même divisé son enseignement en sections administrative, diplomatique, etc., les élèves n'auraient qu'à suivre les leçons qui se rapportent à leur spécialité : leçons de la section administrative, pour ceux qui apprendraient l'annamite et viseraient aux fonctions d'administrateurs en Indo-Chine, leçons de la section diplomatique, pour ceux qui se destinent au service consulaire chinois.

Il suffit d'examiner les programmes de cet enseignement pour constater qu'il est très suffisant. Une seule branche d'études, essentielles pour le but à atteindre, y manquait jusqu'ici; c'était un cours de législation coloniale appliqué à l'Indo-Chine. J'ai la satisfaction de dire que cette lacune vient d'être comblée, un cours de législation coloniale ayant été récemment fondé à l'École des Sciences politiques.

Et puisque l'occasion m'est donnée de parler publiquement de cette utile création, je me permettrai de donner un conseil, suggéré par le programme qui a été adopté : c'est que, en pareille matière, il est désirable de ne pas se préoccuper exclusivement de notre propre législation administrative ; il faudrait aussi chercher à provoquer quelques termes de comparaison avec les législations coloniales néerlandaises et anglaise, et aussi tenir compte des lois indigènes existantes, des codes chinois, annamite et arabe.

Il y aurait évidemment, en outre, certaines dispositions nouvelles à prendre dans l'intérêt des élèves et des études ; mais par le système dont les grandes lignes viennent d'être développées, nous arriverions certainement en peu d'années, avec les éléments qui existent déjà et par des moyens maintes fois éprouvés, à former des fonctionnaires qui viendraient accroître le nombre trop restreint des personnes aptes à rendre de grands services dans l'organisation du protectorat, et qui constitueraient un corps possédant à la fois la connaissance du pays et des traditions ; capables de faire sentir notre influence tout en ménageant les susceptibilités, je dirais même les préjugés des Tonkinois, et pouvant, par suite, éviter les à-coups et les malentendus multipliés qui se sont produits jusqu'ici.

Ce système offre en outre un avantage, celui d'ouvrir un débouché régulier à notre jeunesse studieuse, à celle qui peut le mieux faire prévaloir notre influence à l'étranger et qui est toute prête à y aller, pourvu qu'on lui indique les moyens d'y rendre des services.

Les idées que je viens d'avoir l'honneur d'exposer devant vous, me paraissaient si simples, si naturelles que j'éprouvais, je dois le dire, quelque timidité à les formuler ; je craignais, en le faisant, de paraître vouloir enfoncer une porte ouverte. Je me décidai néanmoins, il y a quelques mois, à les soumettre à la rédaction du journal *le Temps* qui, dans ses numéros du 25 juillet et du 9 août derniers, voulut bien leur donner l'hospitalité de ses colonnes.

Jugez de ma surprise et de ma satisfaction, lorsque j'eus à constater, peu de jours après, que j'avais trouvé de l'écho en Algérie. Voici, en effet, ce que l'on écrivait d'Alger à ce journal, et qui se trouve reproduit dans le numéro du 28 août dernier :

« Une note récemment publiée par *le Temps* signalait la nécessité
« de créer pour nos possessions de l'Indo-Chine, un corps de fonc-
« tionnaires français parlant l'annamite et le chinois, et préparés par
« leurs études à la carrière administrative. L'auteur faisait remarquer
« avec raison qu'il serait facile de former ces fonctionnaires, en entre-
« tenant à Paris un certain nombre de jeunes gens qui suivraient à la
« fois, pendant deux ou trois années, les cours de l'École des Langues
« orientales vivantes et ceux de l'École libre des sciences politiques,
« et qui compléteraient ensuite ces études théoriques par un stage
« dans l'administration du pays où ils seraient appelés à résider.

« L'idée d'exiger la garantie d'études spéciales de nos agents
« coloniaux est tellement juste, qu'on se demande pourquoi elle n'est
« pas appliquée depuis longtemps au recrutement du personnel admi-
« nistratif de la plus importante de nos colonies, l'Algérie.

« Il est d'autant plus permis de s'en étonner, que tel a été l'objet
« de la loi du 20 décembre 1879, qui a doté l'Algérie d'un enseigne-
« ment supérieur.

Ici l'auteur entre daus des développements sur l'organisation
de cet enseignement et sur les avantages qu'il présenterait pour
l'organisation administrative et judiciaire de l'Algérie, et il
ajoute :

« Que faut-il donc pour que cette institution excellente en soi,
« véritable *École d'Administration Algérienne*, donne les résultats
« qu'on est en droit d'en attendre ? Une seule chose, mais qui est
« essentielle, et qui, cependant, a fait entièrement défaut jusqu'à ce
« jour : l'obligation de justifier du Diplôme spécial pour être nommé
« aux divers emplois administratifs en Algérie, obligation qui n'a été
« imposée jusqu'ici que pour les services judiciaires, par le décret
« du 9 octobre 1882.

« Vos lecteurs penseront peut-être comme moi qu'il y a là une
« grave lacune à combler, et que, sans négliger de rechercher les
« mesures propres à organiser l'administration du Tonkin, le gouver-
« nement devrait commencer par utiliser les moyens qui s'offrent à
« lui d'apporter, à une moindre distance, une notable amélioration
« dans celle de l'Algérie et de la Tunisie. »

Vous le voyez, Messieurs, la proposition dont je vous entre-
tenais pour le Tonkin, quelque naturelle que sa solution puisse
paraître de prime abord, ne se réglera pas d'elle-même puisque,
après plus de 50 ans d'occupation de l'Algérie, on en est encore
à solliciter pour cette colonie ce que je voudrais voir faire pour
l'Indo-Chine.

Désireux d'aller au fond des choses, j'ai voulu me renseigner
sur le nombre des élèves qui suivent les cours de l'École des
Langues orientales, pour l'annamite et le chinois.

Pour l'annamite il y a actuellement : 1 élève de troisième année, 1 de deuxième année, 2 de première année, et 1 auditeur libre. Total : 5 élèves ! Vous conviendrez, Messieurs, que c'est peu pour pourvoir aux besoins de l'Indo-Chine, alors que le seul service du protectorat du Tonkin, tel qu'il vient d'être organisé, comprend un personnel de 81 agents européens !

Pour le chinois, le nombre des élèves est un peu plus considérable ; ils sont une dizaine, presque tous de première année. C'est là un nombre presque suffisant, étant donné que, pour le Tonkin, il suffira d'avoir un nombre d'agents parlant chinois inférieur à celui des agents parlant annamite.

Mais ce que je demanderai pour tous ces jeunes gens, ce sont des garanties : c'est la promesse que, à l'expiration de leurs études, s'ils sont jugés capables, ils trouveront certainement une carrière dans les services de nos colonies ; c'est l'engagement pris par le gouvernement, comme il le prend pour toutes les écoles spéciales, telles que l'École polytechnique, Saint-Cyr, l'École des Chartes, etc., de réserver les places vacantes à ceux des élèves qui y seront préparés et qui justifieront de leurs aptitudes dans un concours.

Actuellement rien de pareil n'existe ; les élèves qui entrent à l'École n'ont aucunement la garantie de voir leurs efforts récompensés ; ils étudient pendant deux et trois ans des langues difficiles et n'ont pas la certitude qu'ils auront à appliquer leurs travaux à une œuvre utile. Cela seul suffit à expliquer l'insuffisance du nombre des élèves. Que le gouvernement fasse savoir, par une publicité suffisante, que l'on peut régulièrement devenir administrateur dans nos colonies et y faire sa carrière comme dans toutes les autres branches de nos services publics, et les demandes d'admissions seront nombreuses.

En un mot, si nous désirons que les forces que nous avons sous la main et qui sont, comme on vient de le voir, presque entièrement perdues pour notre expansion coloniale, soient utilisées, il faut prendre les mesures nécessaires pour cela, il faut tout simplement le vouloir !

Et, je le répète, pour réussir, nous n'avons à innover en rien. Les écoles existent, elles ont l'une son budget, l'autre ses ressources propres, et elles fonctionnent. Il s'agit simplement de savoir en tirer un parti convenable.

Maintenant, Mesdames et Messieurs, si vous voulez bien me permettre d'appuyer ma démonstration par les résultats de ma propre expérience, je me permettrai de vous dire que l'essai de ce que je viens de vous exposer est fait depuis quelque temps déjà. Ayant résidé longtemps en Chine, à l'arsenal de Fou-Tcheou, je puis vous dire que la méthode dont je viens de vous entretenir, est celle même qui a été appliquée aux jeunes Chinois qui, plus tard, sont venus en France pour y compléter leur instruction. Tous ces jeunes gens ont réussi, dans nos écoles spéciales, à devenir des diplomates, des ingénieurs, des chefs de travaux, etc., en suivant un genre de préparation analogue à celui dont je viens de vous parler.

Eh bien ! ce que je demande, c'est que nous fassions avec les jeunes Français tout simplement ce qui a été fait pour de jeunes Chinois, c'est-à-dire que nous envoyions en Indo-Chine des jeunes gens préparés par leurs études à comprendre ce pays, à s'y attacher et à y résider. Si nous savons faire cela, beaucoup de difficultés disparaîtront d'elles-mêmes, notre influence dans l'Extrême-Orient sera d'autant plus solide que nous la devrons à des causes morales, et vous le savez ; ce sont là les seuls moyens qui rendent les conquêtes durables !

En terminant, et pour me résumer, j'exprimerai le vœu que les idées que je viens d'avoir l'honneur de développer devant vous soient prises en considération, et que des mesures soient adoptées par les personnes autorisées pour tirer de l'École des Langues orientales tout le parti qu'elle peut rendre, non seulement pour le Tonkin, mais aussi pour le Cambodge et Madagascar.

Je ne sache pas qu'il existe à Paris de cours de cambodgien, ni de malgache ; et pourtant, si nous voulons organiser ces pays, il importe aussi que nous préparions, pour y aller, des fonctionnaires qui en connaissent la langue et les institutions.

L. DUNOYER DE SEGONZAC.

PARIS. — IMP. V. GOUPY ET JOURDAN, 71, RUE DE RENNES.

ERNEST LEROUX, ÉDITEUR

28, RUE BONAPARTE, 28

Em. ROCHER.

La Province Chinoise du Yün-nan, 2 vol. gr. in-8° avec plan-
ches, cartes, plans, figures, etc. . . . .   15 fr.
Le même, cartonné. . . . .   18 fr.

A.-T. PIRY.

Le Saint Édit de l'Empereur K'ang-Hi, étude de littérature
chinoise. In-4° cart. . . . .   15 fr.

H. CORDIER.

Bibliotheca sinica. 2 vol. gr. in-8°. . . . .   75 fr.

LURO (lieutenant de vaisseau).

Le Pays d'Annam, étude sur l'organisation politique et sociale des
Annamites. In-8°, carte. . . . .   8 fr.

J. MOURA (lieutenant de vaisseau).

Le Royaume du Cambodge, 2 beaux volumes in-8° pittoresque,
richement illustrés. . . . .   30 fr.

PARIS. — IMP. VICTOR GOUPY ET JOURDAN, RUE DE RENNES, 71.